LE DÉFI DE BEN

2. BEN PREND CONFIANCE !

Julia Gagnon

md

md

Données de catalogage disponibles dans la base de données de Bibliothèque et Archives nationales du Québec

Les Éditions Marcel Didier bénéficient du soutien financier du gouvernement du Québec par l'entremise du programme de crédit d'impôt pour l'édition de livres et de la Société de développement des entreprises culturelles du Québec (SODEC).

Financé par le gouvernement du Canada | Canada

Révision linguistique : Céline Hostiou
Correction d'épreuves : Catherine Vaudry
Conception graphique et illustration de la couverture : Danielle Tremblay
Réalisation de la couverture : Nathalie Tassé
Conception graphique et réalisation de l'intérieur : Nathalie Duperré - La boîte de Pandore
Illustrations d'intérieur : Loïc Hervouet

ISBN : 978-2-89144-855-0 (version imprimée)
ISBN : 978-2-89144-856-7 (version numérique PDF)

Dépôt légal – 4e trimestre 2018
Bibliothèque et Archives nationales du Québec
Bibliothèque et Archives Canada

Diffusion-distribution en Amérique du Nord :
Distribution HMH
1815, avenue De Lorimier
Montréal (Québec) H2K 3W6
www.distributionhmh.com

Diffusion-distribution en Europe :
Librairie du Québec/DNM
30, rue Gay-Lussac
75005 Paris FRANCE
www.librairieduquebec.fr

En Suisse :
Servidis S.A. GM
5, chemin des Chaudronniers
Case postale 3663
CH-1211 Genève 3 SUISSE
www.servidis.ch

Imprimé au Canada
www.editionsmd.com

Notes aux parents, aux enseignants et aux bibliothécaires

Mon fils était tellement fier la première fois qu'il a lu un roman complet par lui-même ! C'est à ce moment que m'est venue l'idée d'écrire un premier roman simple à lire pour les huit ans et plus.

Parce que la lecture, c'est tellement important ! Voici donc **Le Défi de Ben**.

En prime, les lecteurs des **Ben entreprend**, des **Carnets de Julie** et des **BD des petits entrepreneurs** y retrouveront les aventures de leurs personnages favoris.

Bonne lecture !

Julia

INTRODUCTION

Je m'appelle Ben, j'ai neuf ans et je me suis lancé un défi: écrire une page par jour, tous les jours, durant un an. Vingt-neuf mille deux cents mots pour apprivoiser l'écriture et m'améliorer en français.

Si tu lis ces lignes, c'est que j'ai poursuivi mon défi avec succès et rédigé une page chaque jour — ou presque! — du début du mois de mars à la fin du mois d'août. En fait, mes habitudes ont un peu changé depuis le début de mon défi: j'ai décidé de te raconter certaines aventures de façon plus détaillée. J'espère que ça te plaira!

À la fin de ma dernière aventure*, papa et maman venaient de nous permettre d'inviter chacun un ami au chalet. Charlie et Julie pouvaient donc passer la semaine de relâche avec nous!

*Le défi de Ben 1. Ben se lance!

C'est ainsi que nous sommes partis tous les six au chalet de grand-père. Pardon! Théo me ferait préciser, s'il était là... Il estime que nos animaux de compagnie comptent au même titre que les humains! C'est ainsi que nous sommes partis «tous les huit» au chalet de grand-père (Charlie, notre chatte, et Virgil, notre chien, nous ont accompagnés).

Bonne lecture!

Ben

MARS

La relâche, les pingouins, la planche à neige et l'adoption de Virgil

1

J'aimerais t'écrire que la route s'est déroulée sans problème, mais c'est loin d'avoir été le cas!

Tout d'abord, le voyage m'a permis d'en apprendre un peu plus sur mon amie Charlie. J'ai découvert qu'elle avait le mal des transports*. Elle ne me l'a pas dit.

Elle me l'a MONTRÉ! Je ne savais pas

*Mal des transports
Fait d'avoir mal au cœur jusqu'à vomir lors des déplacements en voiture, en avion, etc.

ce que c'était, mais maintenant j'ai compris!

2 Il faut dire que mon papa a une conduite assez sportive et que la route pour se rendre au chalet est sinueuse. Théo, Julie, Charlie et moi discutions à l'arrière de la voiture depuis un moment lorsque le visage de Charlie a perdu ses couleurs. Au début, je pensais avoir dit quelque chose qui lui avait déplu, mais lorsque son visage est devenu verdâtre, j'ai réalisé que c'était autre chose...

3 C'est à ce moment que Charlie a avoué avoir le

mal des transports. Ma mère s'est empressée de dire: «Vite! Donnez-lui un sac!» et mon père de dire: « Charlie, vomis dans le sac, pas sur la banquette!»

Tu te rappelles que mon père aime les bons malades qui vomissent dans des bols et non sur le plancher ou dans le lit? Julie a à peine eu le temps de passer le sac à Charlie avant qu'elle commence à vomir. Ouf!

Bonne nouvelle: Charlie a été une «bonne malade» et a visé le sac! Mauvaise nouvelle: le sac était troué! Deuxième mauvaise nouvelle:

le bout du sac troué était sur mes genoux et le vomi a coulé sur mes jambes. Grrr!

Je me suis écrié: «Maman, le sac est percé et le vomi coule sur moi!» J'adore Charlie, mais à ce moment-là, je la trouvais vraiment moins adorable.

Papa s'est arrêté au bord de la route pour faire prendre l'air à Charlie et me permettre de me nettoyer. J'en avais partout sur mes pantalons de neige. J'ai eu l'idée de faire un ange dans la neige, mais face première pour me nettoyer.

C'est assez efficace comme technique de nettoyage! J'ai dû me déplacer et faire trois ou quatre anges pour enlever tout le vomi. C'était dégoûtant!

Nous avons repris la route une fois que Charlie a retrouvé ses couleurs et après nous être assurés de lui avoir donné un autre sac SANS TROU.

«Pour mettre toutes les chances de notre côté», comme papa dit, Charlie s'est assise à l'avant de la voiture.

Je ne savais pas, mais il semble que voir la route aide à moins avoir le mal des transports. Papa a aussi adapté sa conduite.

Tout allait bien de nouveau, jusqu'à ce que Charlie numéro deux se mette à miauler. Tu sais, tous les chats n'aiment pas les balades en voiture!

Je t'ai dit que, pour Théo, les animaux de compagnie sont aussi importants que les humains... Eh bien, Théo a exigé que nous nous arrêtions une fois de plus pour faire prendre l'air à Charlie qui ne se sentait pas bien elle non plus. «Nous nous sommes arrêtés pour les maux de cœur de Charlie tout à l'heure. Papa, arrête de nouveau! Ma petite Charlie d'amour ne se sent pas bien. »

Papa était découragé et moi, je commençais à me dire que nous n'arriverions jamais au chalet!

Heureusement, le reste de la route s'est bien déroulé et nous sommes arrivés juste avant le dîner. Maman et papa nous ont préparé une soupe et des sandwichs. C'était bon!

Immédiatement après le dîner, mes parents nous ont ordonné d'aller jouer dehors. Ils ne l'ont pas dit, mais je crois qu'ils avaient besoin de calme. Je crois qu'ils regrettaient un peu d'avoir quatre enfants, un chat et un chien pour la semaine!

Nous avons profité de l'après-midi pour nous construire des forts. Julie et Théo formaient une équipe, et Charlie et moi formions l'autre équipe.

Le temps a passé et nous n'avons pas réalisé ce que nous venions de faire, jusqu'à ce Théo dise: «Hey! Ce n'est pas fort, votre affaire! Notre fort est rendu DANS VOTRE FORT!»

Sans nous en rendre compte, Charlie et moi avions entouré le fort de Julie et Théo avec le nôtre. Nous nous sommes tous mis à rire. Il faut dire aussi que Théo avait fait tout un jeu de mots! « Ce n'est pas **fort**, votre affaire! Notre **fort** est rendu dans votre **fort**! »

C'est à ce moment que maman nous a appelés pour un chocolat chaud...

Après notre pause, nous sommes ressortis pour commencer la production de pingouins.

Tu te rappelles que nous nous étions donné comme défi d'en faire une centaine? La neige était parfaite et nous avons fait quatre pingouins en une heure. Tout le monde avait du plaisir, sauf Théo. Julie lui a demandé ce qui n'allait pas. Théo avait fait des mathématiques...

Il estimait que nous pourrions consacrer à peine une heure par jour à «produire» des pingouins, comme nous avions prévu de passer la majorité de nos journées à la montagne. En cinq jours, nous ferions donc un maximum de vingt pingouins et il était très déçu qu'on ne puisse pas atteindre notre objectif! Julie, Charlie et moi avons donc décidé de réfléchir afin de trouver une solution à son problème.

Après quelques minutes de réflexion, Julie a proposé de «produire» les pingouins à la chaîne. Ce qui signifie que chacun d'entre nous aurait une tâche bien précise qu'il pourrait effectuer rapidement avec un peu d'entraînement.

La bonne idée de Julie et notre envie de faire plaisir à Théo et d’atteindre notre objectif nous ont permis de produire dix-neuf pingouins dans l’heure suivante. Théo était fou de joie!

Nous avons maintenant vingt-trois pingouins qui gardent nos forts. À ce rythme, nous allons atteindre notre objectif à coup sûr!

Nous avons passé une super première journée de congé.
Les péripéties* de la matinée combinées à notre après-midi en plein air nous ont épuisés. Tout le monde s’est couché tôt!

*Péripétie
Un événement imprévu ou un incident.

Étendus côte à côte dans le dortoir, nous avons beaucoup ri en nous rappelant les événements de la journée.

Et pour terminer en beauté, Théo nous a raconté une petite blague: «Pourquoi les souris n'aiment pas jouer aux devinettes? Parce qu'elles ne veulent pas donner leurs langues au chat!»

Hourra! Aujourd'hui, nous allons à la montagne faire de la planche à neige! Maman et papa nous ont concocté un déjeuner santé pour avoir un maximum d'énergie. Julie leur a donné un coup de main et a préparé son fameux frappé aux fruits et aux légumes verts. C'était vraiment bon!

Charlie et moi avons fait la vaisselle. Je crois qu'elle s'en veut encore d'avoir vomi dans la voiture de mon père, hier. Heureusement, nous sommes à peine à deux minutes de voiture de la montagne. Elle ne devrait pas avoir le temps de se sentir mal, cette fois.

16 En arrivant, nous avons vu un porc-épic

juché* sur un arbre. Je n'avais jamais vu de porc-épic et je ne savais pas qu'il pouvait grimper si haut.

* Juché
Synonyme de perché, placé en hauteur.

Théo en a profité pour nous faire une petite charade. «Mon premier est un animal de la ferme. Mon deuxième est l'endroit où l'on amarre les bateaux. Mon troisième est le sommet d'une montagne. Mon tout est un animal piquant.» Ha! Ha! Porc-épic!

Revenons à la planche à neige. Julie et Charlie m'ont beaucoup impressionné.

Elles sont vraiment bonnes! Nous avons passé la journée à dévaler les pentes tous les quatre. Il y avait de la musique et on pouvait manger de la tire sur la neige, alors nous en avons profité pour nous sucrer le bec! Une journée de rêve, quoi!

Sur le chemin du retour, nous avons vu un deuxième porc-épic. Il courait sur le bord du chemin.

Je n'avais jamais vu de porc-épic, et là, j'en vois deux le même jour. C'est forcément mon jour de chance!

Mais la chance s'est arrêtée là! J'ai senti mon ventre brasser... certainement à cause de la tire. Et je n'ai pas pu m'empêcher de péter! Eh oui, j'ai fait un méga pet dans la voiture en présence de Julie, Théo, mon père ET Charlie! Ça puait et j'avais vraiment honte!

Une fois arrivés au chalet, papa, Théo, Julie et Charlie ont fait durer le plaisir en sortant de la voiture. Ils ont simulé une intoxication au gaz et sont tombés sur le sol un par un. Ma mère est sortie en panique, pensant qu'ils étaient tous en train de mourir. Lorsque l'odeur est sortie de la voiture et qu'elle a vu ma réaction, elle a compris et s'est mise à rire sans arrêt!

Maman nous a ensuite fortement recommandé de faire des pingouins dehors pour la prochaine heure, le temps que tout le monde digère la tire. Théo trouvait l'idée excellente! Trente-huit pingouins plus tard, nous sommes rentrés pour le souper.

Hourra! On va manger de la lasagne! Tu te rappelles, nous aimons beaucoup les mets italiens, chez nous. La lasagne est un de mes repas préférés, comme Garfield, le chat.

Chez nous, par contre, c'est Virgil qui aime la lasagne! Il vient toujours se coller à ma cuisse pour que je lui en donne une bouchée, mais mes parents disent que c'est DÉFENDU!

Maman protège beaucoup Virgil. Au début, elle n'était pas certaine de l'aimer, mais maintenant, ils sont inséparables.

Nous avons adopté Virgil à la SPCA*, il y a

*SPCA
Sigle de la Société pour la prévention de la cruauté envers les animaux.

quelques années. Il avait deux ans et il était pas mal gros, lorsqu'il est arrivé à la maison. Je pense que son premier maître était italien, parce qu'à chaque fois que nous mangions de la lasagne ou du spaghetti, il en voulait!

Maman s'est mise en tête de faire maigrir Virgil et de le remettre en forme.

Elle a donc interdit la nourriture de table pour Virgil et a commencé à sortir marcher avec lui. Je me souviendrai toujours de la fois où maman a failli retourner

Virgil à la SPCA. Virgil était chez nous depuis deux jours à peine. Après le travail, maman a proposé de le sortir pour qu'il fasse de l'exercice et perde un peu de poids. Il avait plu la veille et une petite neige couvrait la chaussée glacée.

Nous marchions depuis une dizaine de minutes lorsque Virgil a aperçu un écureuil, un des petits malins qui mangent la nourriture de nos oiseaux. Tout s'est passé très vite! Virgil est parti à la poursuite de l'écureuil en tirant furieusement sur sa laisse... maman a fait du ski nautique sur les talons!

Lorsque l'écureuil a disparu dans le bois, Virgil était très énervé et il jappait très fort.

Maman a réussi à le calmer, mais elle a presque dû s'asseoir à califourchon* sur lui tellement il était agité.

*À califourchon
Assis avec une jambe de chaque côté. Tu te rappelles, j'aime les beaux mots. ;-)

24 Théo a eu vraiment peur et maman était en colère après Virgil.

Quand papa est rentré du travail, je les ai entendus parler très fort. Maman disait: « J'aurais vraiment pu me blesser! Retournons-le à la SPCA! » Quand maman dit « le » ou « la » pour nommer un animal ou une personne, ça ne va pas bien!

Papa a travaillé fort pour qu'on garde Virgil et maman a recommencé à lui faire faire de l'exercice une fois remise de ses courbatures*.

*Courbature
Douleur musculaire causée par un effort physique.

Quand je pense que j'ai failli perdre mon chien à cause d'un écureuil! Alors, tu comprends maintenant que c'est important quand maman dit: «Pas de lasagne pour Virgil!»

Revenons à la relâche.
Le reste de notre semaine a passé trop vite!
Nous avons fait de la planche à neige la plupart du temps et testé plein de nouveaux trucs.
Les filles nous ont donné des conseils pour faire des sauts et nous leur avons appris à faire de beaux virages.
J'ai aussi pris plein de chocolats chauds à la montagne en tête à tête avec Charlie. C'était vraiment agréable.

26

Parlant de Charlie, nous avons fait de la planche en soirée tous les deux, jeudi. Papa est venu nous porter à la station de ski à sept heures et il est venu nous chercher vers neuf heures.

C'est vraiment romantique, le ski de soirée avec les lumières extérieures. Tout allait bien jusqu'à ce que Charlie fasse une chute. Je la suivais lorsque je l'ai vue tomber. Je me suis précipité pour la rejoindre. Quand je suis arrivé près d'elle, elle était couchée sur le dos.

J'ai mis ma tête au-dessus de la sienne et j'ai relevé ses lunettes pour voir comment elle allait. Elle m'a fait un grand sourire. Ouf, plus de peur que de mal! À ce moment précis, je l'ai trouvée tellement belle que j'ai décidé de lui donner un baiser.

Wow! Mon premier baiser, et Charlie m'a souri à nouveau! J'étais tellement HEUREUX. Nous sommes descendus tout doucement et avons attendu que mon père vienne nous chercher en nous regardant dans les yeux...

Théo et Julie étaient restés tranquilles au chalet pour

écouter un film. En tout cas, c'est ce qu'ils nous avaient dit...

Lorsque nous sommes arrivés, une méga surprise nous attendait! Théo, Julie, papa et maman avaient profité de notre absence pour relever le défi des pingouins. Il y avait maintenant cent pingouins qui encerclaient le chalet et nos forts.

Papa et maman avaient installé des lumières de Noël, fait un feu de camp et mis de la musique à l'extérieur. Nous sommes restés longtemps dehors à nous lancer des balles de neige et à jouer dans la neige. C'était une soirée magique!

29 Pour la dernière journée de la relâche, nous avons fait la grasse matinée. C'est une expression qui signifie «se lever tard».

Ensuite, maman nous a montré comment cuisiner des brioches avec de la cannelle et des raisins. Nous les avons mangées fraîchement sorties du four avec un verre de lait durant l'après-midi. C'était vraiment bon!

30 Pour terminer les vacances, une autre belle

activité nous attendait: papa nous a emmenés pêcher sur la glace. Je n'arrive pas à trouver les mots appropriés pour décrire la joie de Théo.

Nous avions un petit trou pour notre famille et notre petite cabane. C'était vraiment sympathique. Théo a mis ses connaissances de pêcheur à profit et a sorti trois belles grosses perchaudes! Charlie, Julie et moi n'avons pas eu cette chance. Nous n'avons pris aucun poisson. :-(

C'est déjà le moment de faire nos bagages, de

ranger le chalet et de repartir. Afin de ne pas prendre de risque, Charlie sera assise à l'avant avec un sac sans trou!

Sur le chemin du retour, papa et maman nous ont félicités. Il n'y a pas eu de «chichis», comme dit maman. C'est une expression que ma mère utilise pour désigner les chicanes inutiles. Tu sais, quand tu t'ennuies et que tu décides d'agacer ton frère ou ta sœur pour te changer les idées...

Mes parents n'ont pas de patience pour les «chichis», alors Théo et moi avons décidé de nous chicaner le moins possible... C'est plus zen comme ça!

AVRIL

Les poissons d'avril, la dernière compétition, Charlie et la cabane à sucre

1

Ça y est, nous sommes de retour à la maison et c'est un peu stressant. Maman nous demande de ranger nos choses, de préparer nos sacs et de nous coucher tôt. Tout ça parce qu'il y a école demain!

Théo a décidé de détendre l'atmosphère avec une de ses fameuses blagues: «Une maman citron dit à ses enfants: "Les enfants, pour vivre longtemps

il ne faut jamais être pressé!"»
Maman a regardé Théo avec un air dubitatif*...

*Dubitatif
Qui exprime le doute, l'incertitude.

Le mois de mars est passé trop vite! Hier, c'était déjà le 1er avril.
Et qui dit 1er avril, dit POISSON D'AVRIL! Théo se prépare pour cette journée depuis des semaines. Il dit que c'est SA journée préférée.

Voici les mauvais coups qu'il a préparés avec l'aide de maman. J'ai cru que la journée ne se terminerait jamais, mais j'ai aussi eu du plaisir!

Tout a commencé par un drôle de déjeuner. Théo nous a servi un verre de jus, des œufs miroir et un bol de céréales!

À première vue, on aurait dit un déjeuner normal. Mais le jus était en fait un verre de « Jello » avec une paille figée dedans! Impossible de boire! Les œufs miroir étaient composés d'une flaque de yogourt nature avec une demi-pêche en boîte en guise de jaune! Et le bol de céréales avait passé la nuit au congélateur. Il était dur comme de la glace!

Tu aurais dû voir la tête de Théo. Il se trouvait tellement drôle!

Après le déjeuner, je me suis lavé les mains avec un savon qui ne moussait pas. Théo l'avait enduit de vernis à ongles transparent!

Une fois à l'extérieur, j'ai été super content de trouver un deux dollars sur la galerie. Impossible de le ramasser par contre, il était collé au sol. Une autre blague de Théo!

La journée s'est poursuivie avec une collation décevante.

J'étais vraiment excité de trouver un biscuit dans ma boîte à lunch. Nous n'avons jamais de biscuits du commerce dans nos collations.

Je ne me suis pas méfié et j'ai croqué dedans à pleines dents.

Ouache! Théo avait remplacé le crémage du centre par DU DENTIFRICE!

Maman dit toujours que les biscuits du commerce sont trop sucrés et que ce n'est pas bon pour les dents. J'ai décidé de terminer le mien quand même. Avec le dentifrice qu'il contenait, il ne me fera pas de mal de ce côté-là.

Maman m'a dit que ça n'avait pas d'allure quand je lui ai raconté ce que j'avais fait!

Après le biscuit, j'ai passé le reste de la journée sur mes gardes. Je ne savais pas combien de poissons d'avril Théo avait préparés et j'ai décidé que je ne me ferai plus prendre.

Je pensais que cette journée étrange était enfin terminée lorsque je suis entré dans ma chambre pour me coucher. Mais non! Théo avait tapissé tout un mur de Post-it! Il devait y en avoir près de cent! Quelle longue journée!

Je réalise que je t'ai écrit presque uniquement sur la semaine de relâche et les poissons d'avril, ces derniers temps.

Ne t'inquiète pas, tu n'as rien manqué! C'était un mois plutôt tranquille... à l'exception de notre dernière compétition à la fin mars où nous avons eu toute une aventure et de bonnes nouvelles! Je te raconte.

8

Papa était en voyage d'affaires à Toronto et il ne pouvait pas rentrer à la maison à temps pour qu'on aille à la compétition ensemble. Mes parents ont donc convenu de se rejoindre à l'hôtel, le vendredi soir.

Le vol de papa atterrissait à Montréal en soirée. Il arriverait à l'hôtel vers minuit et toute la famille serait réunie pour le début de la compétition, le samedi matin.

9

À une heure du matin, nous avons entendu cogner très fort à la porte de notre chambre d'hôtel. Je dirais même trop fort...

Maman s'est empressée d'aller ouvrir la porte.
Papa était vraiment furieux!
Il était embarré dehors DEPUIS PRÈS DE QUARANTE MINUTES.

La porte de la réception de l'hôtel était barrée et personne n'a répondu lorsqu'il a sonné.
Il a donc appelé maman sur son cellulaire plus d'une dizaine de fois, mais maman avait coupé le son, sans s'en rendre compte...

Après vingt-cinq minutes à s'impatienter dans le froid, papa a finalement réalisé qu'il avait des outils dans la valise de la voiture. Il a utilisé un tournevis pour ouvrir la porte de l'hôtel.

Une fois dans l'hôtel, il a cogné à la porte 202. Un monsieur barbu lui a ouvert. Papa s'était trompé de numéro de chambre! Quand maman a finalement ouvert la porte de notre chambre (la 204!), papa était vraiment furibond*!

*Furibond
Super beau synonyme de fâché ou furieux.

Le lendemain, au déjeuner, nous avons beaucoup ri en reparlant de cet incident! Papa a reproché à maman d'avoir désactivé la sonnerie de son cellulaire. Maman était certaine de l'avoir activée... Visiblement ce n'était pas le cas! Maman a renchéri en montrant à papa le message texte qu'elle lui avait envoyé qui précisait le numéro de la chambre: la 204 et non la 202!

Théo et moi, ça nous rassure quand nos parents font des erreurs ou oublient des choses... Ils ne sont pas parfaits, eux non plus!

12 Une fois cette mésaventure derrière nous, la compétition s'est très bien déroulée! Théo a remporté une médaille de bronze samedi et une médaille d'argent dimanche. Je n'ai rien gagné samedi, mais j'ai décroché une médaille d'or dimanche.

Je n'aurais pas pu imaginer mieux pour terminer la saison. J'étais vraiment fier de moi et d'avoir fait tous ces efforts pour y arriver!

13 J'étais aussi content de partager la nouvelle avec mes amis à l'école, lundi matin.

Charlie était très fière de moi. Depuis la semaine de relâche, nous passons beaucoup de temps ensemble, mais nous ne nous sommes pas donné de baiser de nouveau.

J'ai parlé du baiser que j'ai donné à Charlie avec ma mère et elle m'a dit que c'était tôt, neuf ans, pour avoir une blonde… Je pense que ma mère a raison, mais j'aime beaucoup, beaucoup passer du temps avec Charlie. Alors elle devrait être ma blonde, non?

J'en ai aussi discuté avec mes amis Fabrice et

Samuel. Ils ont été super honnêtes avec moi et ils m'ont avoué que je passais beaucoup de temps avec Charlie, peut-être trop de temps. Ils ne l'ont pas dit comme ça, mais je pense qu'ils sont un peu jaloux.

J'ai décidé d'en parler avec mon père aussi, histoire de faire le tour de la question. Papa avait la même opinion que maman et mes amis. C'est trop tôt, neuf ans, pour avoir une blonde et c'est dangereux de négliger* ses amis.

*Négliger
Ne pas accorder assez d'importance à quelqu'un ou à quelque chose.

Je réalise maintenant que c'est ce que Fabrice et Samuel tentaient de me dire. Je passe beaucoup moins de temps avec eux depuis que « je vois Charlie dans ma soupe », comme dit Théo. Parlant de soupe, voici une blague que Samuel m'a racontée à l'école ce midi :

« Joe et Louis mangent au restaurant. Joe dit : "Quelle horreur ! Il y a une mouche dans ma soupe !" Louis lui répond : "Ne t'inquiète pas ! Il y a une araignée sur la cuillère, elle va la manger !" » C'est dégoûtant, hein ?

J'ai décidé de discuter de la situation avec Charlie. Je veux qu'on continue de se voir, mais un peu moins pour ne pas négliger nos amis.

Charlie n'a pas aimé ma proposition. De son côté, elle souhaitait qu'on se voie encore plus! Elle a même versé une larme. Elle dit que je lui fais de la peine. Je ne sais plus quoi faire… Je doute de tout.

J'ai décidé de demander conseil à Julie. Après tout, c'est une fille, elle aussi. Peut-être qu'elle m'aidera à mieux comprendre la situation…

La discussion avec Julie m'a fait du bien. Elle m'a proposé de laisser passer un peu de temps. Le temps arrange les choses, selon elle.

C'est difficile pour moi à l'école quand je croise Charlie et qu'elle évite de me regarder. Fabrice et Samuel sont vraiment gentils avec moi, par contre. Ils multiplient les invitations pour me changer les idées.

Samuel m'a invité cette fin de semaine à la cabane à sucre de son père. Ça va être vraiment agréable.

18 Samedi matin, mon père m'a conduit à la cabane à sucre de Samuel. Fabrice y était aussi. Le père de Samuel nous a proposé de l'aider à corder du bois en échange d'un repas de cabane.

Ah, non! Pas encore corder du bois! Je déteste ça. En plus, quand je corde du bois, j'ai le temps de penser et je pense à Charlie...

19 Surprise! Julie, Charlie et Célia sont venues nous rejoindre à la cabane.

Charlie ne m'en veut plus. Après réflexion, elle est d'accord pour que nous soyons des amis.
Je suis très content! C'est la meilleure des nouvelles.

Je vais pouvoir continuer de voir Charlie sans négliger Julie, Célia, Samuel et Fabrice... Et mon français n'en souffrira pas trop. Tu te rappelles, Charlie me donne un sérieux coup de main pour mes devoirs de français!

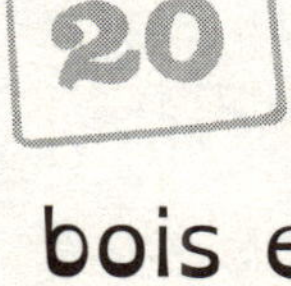

À nous six, nous avons transporté et cordé le bois en un temps record!
La mère de Samuel nous a ensuite cuisiné un repas de

cabane EXTRAORDINAIRE! Des œufs, du jambon, du pain fraîchement sorti du four, des crêpes, etc. Un vrai régal! Je pense que nous avons trop mangé par contre, parce que sur le chemin du retour, nous avons dormi et empesté* l'auto, selon mon père. Tu te rappelles? Le sucre, ça fait péter!

*Empester
Synonyme de dégager de mauvaises odeurs.

C'est dimanche et grand-père a décidé de nous faire de la tire maison!

Il a fait bouillir son eau d'érable sur un brûleur extérieur.

Grand-mère est découragée parce que l'eau bout depuis six heures ce matin et que c'est loin de ressembler à du sirop. Elle dit que la tire de grand-père va avoir coûté en gaz propane le prix de plusieurs boîtes de sirop!

Grand-père est content malgré tout et il profite de l'expérience!

Le soleil chauffe et grand-mère nous demande de gratter la galerie en attendant que la tire soit prête.

Une fois la galerie grattée, nous nous sommes installé des

chaises et avons profité du soleil. Julie avait beaucoup de style avec ses lunettes fumées. En fin d'après-midi, la tire de grand-père était finalement prête.

Heureusement que nous en avions mangé la veille chez mon ami Samuel, parce que grand-père a fait de la tire pour quatre personnes et nous étions dix !

Nous sommes un peu restés sur notre faim, mais grand-mère a rattrapé le coup en nous invitant pour un brunch le lendemain matin.

En plus des desserts de grand-mère, nous aurons certainement du chocolat ou des bonbons à l'érable. Miam!

Le lendemain matin, nous avons beaucoup ri en voyant Julie arriver au brunch. Elle avait beaucoup moins de style que la veille. Julie a pris un coup de soleil et ressemble maintenant à UN RATON LAVEUR!

Aujourd'hui, pas de lunettes fumées pour elle. Elle a mis de la crème solaire pour couvrir les zones brûlées en attendant que la peau autour de ses yeux brunisse et qu'elle ressemble moins à un raton laveur!

Demain, c'est le retour à l'école et Julie veut absolument retrouver un visage humain d'ici là! ;-)

Grand-mère nous a offert une pomme de tire cuisinée avec Théo la fin de semaine précédente. J'adore les pommes enrobées de tire et j'ai croqué à pleines dents... dans un oignon! Je ne savais pas que Théo avait préparé des blagues de poisson d'avril avec grand-mère aussi!

Heureusement, les mauvaises blagues se sont arrêtées là. Le reste du brunch était succulent et nous avons passé une belle journée en famille, jusqu'à ce que je croise mon petit cousin Maxence.

Il jouait tranquillement sur la galerie quand il s'est approché de moi en pleurant. Il avait les mains toutes brunes. Ouache! du caca... Dégoûtant!

Une fois le chagrin passé, il a réussi à m'expliquer que c'était du chocolat. Maxence avait passé la matinée à jouer au soleil sur la galerie, avec des chocolats dans ses poches!

Du chocolat fondu plein les poches et plein les mains, c'est bien mieux que du caca, mais sa maman n'était pas contente!

Grand-père a réussi à faire sourire Maxence en lui donnant d'autres petits lapins en chocolat.

Grand-mère n'a pas pris de risque et elle lui a donné une petite glacière pour les transporter jusque chez lui sans souci.

C'est enfin le printemps! Il ne reste plus de neige du tout et le thermomètre indique quatorze degrés Celsius!

Plus besoin de grosses mitaines ni de pantalons de neige. Pourtant, maman nous répète toujours: «En avril, ne te découvre pas d'un fil!»

Moi, je pense que, dans son temps, il faisait plus froid en avril que maintenant. Je ne vais quand même pas porter une tuque quand il fait quatorze!

La natation aussi est terminée. Notre professeur

nous propose de faire du vélo, des randonnées ou du jogging léger en attendant de pouvoir nager dans le lac.

Théo et moi sommes allés faire un premier petit jogging après l'école. À mi-course, Théo m'a raconté cette blague:

«Deux coccinelles font la course. Au bout d'un moment, l'une fait une pause et dit: "Arrête, j'ai un point!"»

Ha! Ha! Il me fait vraiment rigoler, mon petit frère!

Ça commence à sentir l’été à l’école. Tout le monde préférerait jouer dehors, mais les professeurs nous rappellent sans arrêt qu’il ne faut pas négliger les devoirs et les leçons pendant les deux prochains mois.

Charlie et moi en profitons pour nous entraider. Ça se passe super bien depuis notre discussion. On se voit encore de temps en temps seul à seul, mais on passe aussi beaucoup de temps avec Julie, Célia, Fabrice et Samuel.

MAI

Les préparatifs pour mon anniversaire, le yoga et les vacances à la mer

1 J'adore le mois de mai pour plusieurs raisons. Premièrement, c'est le mois de mon anniversaire. J'aurai dix ans cette année. Je vais enfin pouvoir me coucher un peu plus tard et avoir plus d'autonomie.

J'ai demandé à maman d'aller seul au village à vélo et de pouvoir rester une heure ou deux sans surveillance à la maison...

Ma dernière demande a été refusée.

Nous habitons au bord d'un lac et maman dit que c'est non négociable (encore cette fichue expression!).

*Ne pas lésiner
Ne pas hésiter à mettre les moyens nécessaires.

Maman ne lésine* pas sur la sécurité au bord du lac. La veste de sécurité est obligatoire en tout temps si nous ne sommes pas surveillés par un adulte! Même pour ramasser des ménés avec de l'eau à peine jusqu'aux chevilles!

J'ai bien l'impression que je ne pourrai pas rester à la maison sans surveillance avant longtemps...

Donc, je disais que j'aime beaucoup le mois de mai parce que c'est mon anniversaire, mais aussi parce que la nature se réveille.

Les feuilles poussent, les fleurs s'épanouissent. Les chemins boueux font place au gravier, les gazons bruns sont remplacés par de belles pelouses vertes, le lac dégèle et, surtout, le soleil est de plus en plus présent!

J'adore le soleil, ça me donne de l'énergie. Il me semble que tout est plus léger et facile lorsqu'il fait soleil, tu ne trouves pas?

Mon anniversaire approche! Ma mère m'a demandé ce que je comptais faire...

Je ne sais pas trop encore.

Ce sera l'anniversaire de Julie, début juin. Je crois que je vais patienter une semaine ou deux de plus pour organiser une grosse fête commune avec elle à ce moment-là, et espérer un peu plus de chaleur et de soleil.

Julie aimerait organiser une soirée cinéma en plein air et feu de camp.

Théo a proposé qu'on aille aussi pêcher avant, pour passer encore plus de temps avec nos amis.

Il veut faire cuire nos truites sur le feu de camp pour le souper. Il a une recette de truite infaillible*. Théo roule ses truites dans des chips à la sauce barbecue émiettées avant de les faire griller sur le feu. C'est vraiment succulent!

*Infaillible
Efficace à coup sûr!

Pas de soleil aujourd'hui! C'est un jour de pluie. Ce n'est pas la fin du monde puisque Julie et moi avions prévu de bricoler des décorations pour notre anniversaire, de toute façon.

Julie nous a montré des photos de fanions vraiment simples à faire.

Nous avons opté pour des fanions rouge et blanc. Ça ne fait ni trop fille ni trop gars, et le père de Samuel va nous prêter ses nappes de cabane à sucre pour compléter le tout. C'est Julie qui a pensé à tout ça.

Théo a eu une super idée en plus de la partie de pêche. Nous allons construire UN PARCOURS AVENTURES pour nous amuser avec les amis. Nous nous sommes donné rendez-vous la fin de semaine prochaine pour travailler sur ce projet. Nous n'avons pas encore défini toutes les activités du parcours, mais Julie parle de faire une tyrolienne.

Je ne suis pas certain d'aimer l'idée de la tyrolienne... C'est que j'ai un peu le vertige.

Je t'en dirai plus une prochaine fois à ce sujet.

Les préparatifs pour notre anniversaire avancent très bien. Nos guirlandes de fanions sont terminées. Elles sont très belles!

Julie a déjà les nappes à carreaux chez elle et nous avons fait notre sélection d'activités pour le parcours aventures.

Théo a choisi de créer une **Montagne de pneus**, Julie a malheureusement conservé son idée de **Tyrolienne** et moi, j'ai décidé de concevoir une **Rivière aux crocodiles.**

C’est assez simple à construire comme parcours. Théo a récupéré une dizaine de vieux pneus de la ferme des parents de Julie et les a positionnés côte à côte dans une petite montée. Il faut escalader le tout le plus vite possible.

Vient ensuite la **Rivière aux crocodiles…** Nous avons creusé pour positionner de vieilles bûches dans le gazon à plus ou moins trente centimètres les unes des autres. Il suffit de sauter d'une bûche sur l'autre sans toucher au gazon qui représente une rivière pleine de crocodiles!

Le parcours se termine par la **Tyrolienne de Julie.** Julie l'a construite avec l'aide de son père pour être certaine qu'elle soit sécuritaire!

Et nos parents nous ont bien avertis: le port du casque et de chaussures de sport est obligatoire pour faire le parcours aventures!

Je crois que nous allons avoir beaucoup de plaisir avec nos

amis. Je te laisse, je dois partir pour l'école. À demain!

Ouf! Ce n'est pas facile, l'école, quand le soleil brille dehors! Trouves-tu, toi aussi?

Je regarde par la fenêtre et je pense à tout ce que je pourrais faire au lieu d'être assis en classe: pêcher, jouer au soccer, etc.

J'en ai parlé à maman et elle m'a expliqué sa théorie à ce sujet. Elle m'a dit que si Théo et moi étions toujours en congé, ça nous plairait moins.

Ouain, peut-être... mais il me semble que ce serait vraiment plus agréable de jouer dehors tout le temps, non?

J'ai décidé d'en parler aussi à papa parce que je n'ai pas vraiment aimé la réponse de maman. Eh bien, je n'ai pas aimé plus celle de papa. Il a commencé par dire: «Écoute-moi bien, Ben.» Quand ça commence comme ça, c'est rarement une bonne nouvelle pour moi...

Mon père m'a sensiblement dit la même chose que ma mère: «Il faut travailler pour apprécier les moments de plaisir. C'est quand on fait de gros efforts qu'on apprécie le plus les récompenses... » Et toi, qu'en penses-tu?

13 Je me rappelle quand j'ai appris à faire du vélo. J'avais peur de perdre l'équilibre et de tomber. Ça a été long avant que je sois prêt à enlever mes petites roues et à me lancer.

Mais une fois que je l'ai fait, j'étais vraiment fier de moi parce que j'avais travaillé fort! Mes parents ont peut-être raison, finalement...

14 Théo dit que je devrais faire des efforts pour vaincre mon vertige.

Moi, je ne pense pas que ça a rapport avec les efforts. Quand je suis en hauteur, je deviens étourdi, j'ai peur et j'ai mal au cœur...

Julie pense que si je fais des efforts graduels, je serai de moins en moins sensible. Je ne sais pas... À suivre. J'essaierai peut-être la tyrolienne le jour de la fête.

15 Maintenant que le gazon est sec, nous avons repris

nos activités extérieures. Nous jouons au soccer presque tous les midis. Ça fait vraiment du bien de prendre l'air et de faire du sport entre deux examens.

Parlant d'examen, Théo m'a raconté une blague:

«Quel est le point commun entre un thermomètre et un professeur? On tremble quand ils marquent zéro!» Ha! Ha!

La longue fin de semaine s'en vient et mes parents ont décidé d'aller à la mer pour nous changer les idées.

Maman dit qu'elle n'en peut plus de m'entendre parler de mon anniversaire. Wow! Je sais quoi faire maintenant quand j'ai envie de plage!

Blague à part, papa et maman aiment bien aller à la mer, alors je crois que nous aurions fait ce voyage même si je n'avais pas cassé les oreilles de toute la famille avec mon anniversaire...
;-)

J'adore aller à la mer! À ce temps-ci de l'année, l'eau est trop froide pour se baigner, mais papa et maman en profitent pour faire de grandes marches sur la plage. Théo et moi jouons au soccer et lançons la balle à Virgil quand nous ne sommes pas à ses trousses parce qu'il court après les goélands ou des petits crabes!

Maman réserve habituellement un petit motel directement sur la plage.

Le matin, elle nous fait un chocolat chaud, parce qu'on ne boit pas de café (j'ai goûté et je déteste le café!), et nous regardons le soleil se lever sur la mer.

Maman dit que c'est le meilleur moyen de recharger ses batteries. Je ne savais pas que les mamans avaient des batteries, mais je pense que c'est une expression pour dire que ça lui donne de l'énergie!

Moi, regarder la mer, ça me calme...

Parlant de calme, ça me fait penser à ma cousine, Julie. L'an dernier, elle nous a initiés au yoga.

Le yoga consiste à garder des postures, faire des étirements et prendre de grandes respirations.

Au début, Théo et moi pensions que c'était surtout pour les filles, le yoga. Tu sais, on voit presque toujours des filles en collant dans les cours de yoga...

Papa nous a grondés quand il nous a entendus dire ça. Il dit qu'il y a aussi beaucoup de garçons qui font du yoga. Et que ce qui compte, c'est de faire une activité qui nous plaît!

Il nous a expliqué que le yoga est vraiment bénéfique*. Papa dit que c'est très bon pour la santé de respirer, de relaxer

*Bénéfique
Qui fait du bien.

et de s'étirer. Alors, depuis un moment, on fait souvent du yoga en famille.

Pour que ce soit efficace, il faut se concentrer sur sa respiration. J'ai beaucoup de difficulté à faire ça... J'ai plein d'idées dans ma tête. C'est comme si j'avais un petit hamster qui courait dans une roulette à l'intérieur de ma tête. Tu comprends?

Papa dit que je dois apprendre à calmer mon petit hamster...

Bob (je l'ai appelé Bob) arrête de courir à peine une ou deux minutes avant la fin de la session de yoga.

Julie dit que plus je ferai de yoga, plus Bob se calmera vite.

Maman m'appelle, nous allons faire une session de yoga sur la plage, justement ! Julie aurait vraiment aimé être avec nous... Le yoga au bord de la mer, c'est magique !

C'est terminé pour le moment zen ! Théo vient de partir à courir après des goélands avec Virgil à ses trousses! Oh, non! Ils se dirigent vers une vieille dame... et splash! Théo vient d'éclabousser la vieille dame en sautant dans une grosse flaque d'eau!

C'est au tour de papa et maman de courir à toute vitesse pour s'excuser!

Évidemment, Théo s'est fait chicaner et les heures suivantes ont été un peu moins «magiques». J'entendais ma mère dire: «Tu n'avais pas vu la vieille dame, Théo? Tu aurais pu la faire tomber!»

Puis mon père : « Impossible d'avoir quinze minutes de répit sans catastrophe ! »

Ça a l'air vraiment difficile d'être parent, parfois...

Papa et maman se sont rattrapés pour le dîner. Nous avons fait un pique-nique sur la plage et ils se sont excusés d'avoir été durs avec Théo.

Théo s'est excusé aussi de s'être énervé et nous nous sommes tous fait un câlin.
Au début de l'après-midi, Théo a sorti son cerf-volant et s'est bien assuré qu'il n'y avait

personne à proximité avant de le lancer.

Le reste de l'après-midi s'est déroulé dans le calme, au grand bonheur de papa et maman.

Pour terminer les vacances, nous sommes allés souper dans le port. C'est l'endroit où les bateaux de pêcheurs arrivent à la fin de la journée. C'est très beau à regarder, mais ça pue le poisson!

Théo adore aller souper au port parce qu'il peut nourrir les énormes poissons avec des petits bouts de pain en attendant de souper.

Il faut bien s'habiller par contre, parce que le bord de mer en soirée en mai, ce n'est pas chaud!

Nos parents ont mangé une chaudrée de palourdes et du homard. Théo et moi travaillons fort pour « développer nos goûts » à la demande de nos parents, mais la chaudrée de palourdes, c'est trop pour nous! C'est une soupe avec des petits bouts de chair de coquillages et des pommes de terre... C'est vraiment étrange. Nous avons plutôt commandé un

« fish and chips ». Le « fish and chips », c'est un poisson frit servi avec des frites et une salade de chou. Le poisson est vraiment bon parce qu'il est frais du jour. ;-) Et les frites… Eh bien, tout le monde aime ça, évidemment !

J'ai eu droit aussi à un gâteau d'anniversaire, car j'ai dix ans aujourd'hui ! J'aurai une méga fête avec Julie la semaine prochaine, mais papa et maman tenaient à faire un petit truc le jour de mon anniversaire.

Mon gâteau au chocolat était succulent. Les serveurs m'ont

apporté une grosse boîte emballée. Je ne sais pas comment maman et papa ont fait pour apporter ce gros cadeau au restaurant sans que je le voie, mais wow! Une planche à roulettes! C'est génial!

Après le souper, nous avons pris un trolleybus. C'est un petit autobus avec un toit, mais tout ouvert qui roule lentement et qui permet d'observer le paysage tout

en prenant l'air. C'est fait exprès pour les touristes qui ont trop mangé, comme nous!

Pendant le trajet, je me voyais déjà faire des cascades sur ma planche à roulettes, une fois arrivé à la maison...

29 De retour au motel, nous avons eu un de ces fous rires quand papa a enlevé son t-shirt. Tu te rappelles le coup de soleil de ma cousine, Julie? Eh bien, ce n'était rien comparativement aux bras et à la nuque de mon père. Il avait l'air d'UN HOMARD AVEC UN T-SHIRT BLANC!

30 Comme je te disais, nous avons bien ri, mais pas longtemps... ma mère déteste

les coups de soleil. Elle dit que c'est très dangereux pour la peau. Tu aurais dû l'entendre chicaner mon père!

Théo et moi trouvons ça très drôle quand quelqu'un se fait chicaner et que ce n'est pas nous...

Une fois l'atmosphère détendue, nous nous sommes couchés. Demain, c'est le retour à la maison et nous avons cinq heures de route à faire, ouache!

Maman dit que c'est le sacrifice à faire pour voir la mer et se régaler comme nous l'avons fait.

Théo et moi avons profité de la longue route pour finaliser les préparatifs de ma fête.

JUIN

Mon anniversaire, la fin de l'école et la fugue

1 Nous sommes de retour à la maison. Il ne reste plus qu'une semaine avant notre fête d'amis. Je suis très excité! J'ai hâte de parler à Julie pour finaliser les préparatifs, d'essayer ma planche à roulettes et de raconter ma fin de semaine à mes amis à l'école...

J'ai trop de choses dans la tête, mon petit Bob COURT SANS

ARRÊT! Maman me propose dix minutes de yoga pour me calmer (et calmer Bob!) avant d'aller à l'école. Bonne idée!

Une fois à l'école, j'avais tellement de choses à raconter à Charlie, Julie, Célia, Fabrice et Samuel que je n'ai pas vu le temps passer!

J'ai pu essayer ma planche à roulettes avec Fabrice en fin d'après-midi. Fabrice est vraiment bon, il m'a donné plein de trucs.

J'aurai besoin de beaucoup de patience et de persévérance

pour devenir aussi bon que lui. Ça semble facile quand je le regarde, mais il m'a avoué s'être exercé des centaines de fois avant de réussir à faire ces figures...

Je vais faire des efforts et, avec le temps, je vais y arriver! En planche à neige aussi, ça prend de la patience et de la persévérance pour réussir. Je suis si souvent tombé que j'en ai eu mal aux fesses durant un hiver complet...

Ce sera assurément la même chose en planche à roulettes, mais je suis prêt à faire les efforts nécessaires pour devenir bon!

Théo est vraiment triste ce matin... et moi aussi. Nous ne trouvons plus notre petite chatte, Charlie. Nous avons fait le tour de la maison et elle a disparu!

Théo pense qu'elle s'est enfuie à l'extérieur... Charlie n'a jamais quitté la maison. C'est une chatte d'intérieur.

Et comme tu sais, notre maison est entourée d'un petit boisé. Qui dit boisé dit animaux potentiellement dangereux pour un chat! Comme des ratons laveurs, des renards ou des lynx... Pauvre Charlie! Nous sommes très inquiets.

Toujours pas de nouvelles de Charlie ce soir. Théo, papa, maman, Virgil et moi avons marché dans les bois en criant son nom, mais aucun signe d'elle!

Grand-père, grand-mère, Julie et ses parents sont aussi venus nous aider.

Quand nous avons commencé les recherches, j'étais certain que Virgil nous mènerait à elle instantanément. Virgil adore Charlie et les chiens ont un super odorat... Mais non, nous ne l'avons pas trouvée!

C'est lundi matin et Théo ne veut pas aller à l'école, il est trop triste. Charlie est portée disparue depuis trois jours maintenant. Maman lui a dit qu'il est important qu'il se change les idées...

Finalement, c'est papa qui a réussi à convaincre Théo en lui suggérant d'installer des affiches de Charlie à l'école et au village le lendemain.

Théo s'est souvenu avoir déjà lu qu'un chat domestique peut parcourir jusqu'à deux kilomètres par jour. Après trois jours, Charlie pourrait se trouver à plus de six kilomètres de la maison.

Papa avait raison, pour retrouver Charlie, nous devions élargir nos recherches. Théo et moi nous sommes empressés de préparer des affiches et sommes allés à l'école.

Peut-être que nos amis avaient vu notre petite Charlie durant la fin de semaine!

Quelle journée INTERMINABLE à l'école! Théo et moi pensions juste à rentrer à la maison pour voir si notre petite Charlie était de retour.

Hourra! À notre arrivée à la maison, Charlie nous attendait en petite boule sur la galerie. Elle était toute maigre et avait une oreille légèrement blessée. Rien de trop grave.

L'important était que notre petite chatte soit en vie. Théo l'a lavée, lui a versé un bol de lait et ouvert une boîte de thon. Ensuite, il l'a flattée toute la soirée. Théo a vraiment eu

peur de perdre sa petite
Charlie!

Avec la disparition de notre chatte, nous avons presque oublié les préparatifs de mon anniversaire et de celui de Julie!

Maman et Théo sont allés faire des courses pour la fête. Ils ont acheté le nécessaire pour faire la succulente limonade de Théo et du maïs soufflé pour accompagner notre film. Sans oublier, bien sûr, des chips à la sauce barbecue pour la fameuse recette de truite de Théo et une salade en accompagnement!

J'attends Julie d'un instant à l'autre... Nous avons beaucoup de pain sur la planche*!

*Avoir du pain sur la planche
Expression signifiant qu'il y a beaucoup de travail à accomplir.

À son retour de l'épicerie, Théo nous a raconté des blagues qui nous ont bien fait rire:

«C'est une blague à propos d'une épicerie, mais elle n'a pas super marché (supermarché).» Ha! Ha! Elle est bonne, hein?

Dans le même genre:
«Charlie m'a demandé si

je connaissais l'histoire de l'armoire. Elle n'est pas commode, hein ? »

Ça fait du bien de voir sourire Théo et de rire un peu après notre semaine chargée en émotions !

Nous avons beaucoup à faire ! Nous devons installer nos décorations, finaliser le parcours, chercher des vers de terre et préparer la limonade et le maïs soufflé avant l'arrivée des amis.

Béatrice sera présente. Elle était partie en voyage avec

ses parents depuis plusieurs semaines. J'ai hâte de la voir! Je te laisse, je te raconterai plus tard comment ça s'est passé.

Wow! Julie et moi avons eu un anniversaire de rêve! Les amis ont adoré nos activités et la truite de Théo.

Julie et moi étions tellement excités que nous avons oublié de prévoir un dessert. Tu te rappelles la règle de ma mère pour les anniversaires? Pas de cadeaux achetés. Eh bien, la règle et Charlie nous ont sauvés! Charlie nous avait préparé les meilleurs petits gâteaux au monde en guise de cadeau. Nous les avons mangés comme desserts avec les amis.

Julie a reçu plein de trucs usagés mais vraiment cool: des boucles d'oreilles, une robe et de nouvelles lunettes de soleil!

Moi aussi, j'ai été gâté. Samuel m'a offert des genouillères usagées, Théo m'a confectionné un t-shirt avec un dessin de planche à roulettes vraiment génial et Célia m'a offert une casquette que son grand frère ne voulait plus. Il ne l'a jamais portée et elle est vraiment belle!

Béatrice m'a offert un carnet d'écriture qu'elle n'a pas utilisé durant son voyage. Qui sait, je l'utiliserai peut-être quand celui dans lequel j'écris en ce moment sera plein.

Je ne m'attendais pas à recevoir autant de cadeaux, wow!

Après la remise des cadeaux, nous avons fait le parcours aventures avec les amis. Nous nous sommes beaucoup amusés... jusqu'à la tyrolienne!

Comme je le craignais, j'ai eu le vertige et je me suis senti tout étourdi... Ensuite, je ne me souviens plus de rien.

Lorsque j'ai ouvert les yeux, tous mes amis étaient autour de moi et ma mère me caressait les cheveux. J'ai eu un malaise.

Je dois vraiment faire quelque chose pour dépasser ma peur des hauteurs!

Théo a proposé de poursuivre la journée avec une partie de pêche. Le soleil était au rendez-vous et nous avions plusieurs truites dans une chaudière sur le quai lorsque Fabrice s'est enfargé dedans! Toutes nos truites sont retombées à l'eau! Tu aurais dû voir le visage de Théo... Et celui de Fabrice!

Nous avons redoublé d'efforts par la suite, mais, en une heure, nous n'avons pêché qu'une truite.

Je crois que les truites ne sont pas dupes*... Elles s'étaient fait prendre une fois et ne souhaitaient pas se faire prendre à nouveau.

*Dupe
Qui peut être trompé facilement, naïf.

Pour que Théo puisse tout de même préparer sa

recette, papa a proposé d'aller acheter des truites à l'épicerie.

Théo a préparé un feu de camp avec maman en attendant son retour.

C'est un peu étrange, mais comme les amis avaient faim, nous avons mangé le maïs soufflé avant le souper. Quoi? Du maïs soufflé, c'est des légumes, après tout!

Par contre, ça valait la peine de patienter pour manger les truites grillées sur le feu de camp parce que c'était vraiment bon!

Après le souper, nous avons commencé le cinéma en plein air. Le père de Julie avait apporté à la maison des ballots de paille que Julie a positionnés de façon à faire des fauteuils extérieurs.

Elle avait aussi installé les guirlandes que nous avions confectionnées, des couvertures et des petites lumières de Noël. Le coin cinéma était vraiment agréable et chaleureux. Ma cousine a vraiment du talent pour créer des ambiances, C'ÉTAIT MAGIQUE!

18 Un peu plus tard, nous avons eu une méga frousse!

Je te raconte. Julie avait choisi un film d'action pour la projection extérieure. Nous étions justement dans une scène épeurante lorsque nous avons entendu des bruits étranges dans le boisé près de la maison...

19 Papa et maman étaient à l'intérieur en train de ramasser la vaisselle du souper...

Charlie a dit: «Est-ce qu'il y a des ours ici?» Théo a répondu à la blague: «Il n'y a pas d'ours, mais il y a des loups. Ha! Ha!»

Quelques nouveaux bruits étranges et plus personne ne rigolait, même pas Théo! Et si Théo ou Charlie disaient vrai? Et s'il y avait un loup ou un ours dans le boisé?

C'est à ce moment que le père de Charlie est arrivé en voiture. Ses phares ont illuminé les bois. Il y avait effectivement des animaux!

Nous étions tous figés à regarder les trois silhouettes dans le noir sans parvenir à les reconnaître lorsque le film s'est terminé et que les lumières de la voiture se sont éteintes presque en même temps. Nous étions maintenant dans le noir total avec trois loups! Ah!

Mes parents se sont empressés d'allumer les lumières extérieures et nous avons découvert que nos loups étaient en fait DES RATONS LAVEURS!

Ils étaient tellement mignons. Deux bébés ratons mangeaient des restes de poisson et la maman avait mis la patte sur le sac de chips barbecue et semblait se régaler! Nous nous sommes tous mis à rire et nos amis ont quitté la fête avec le sourire. C'était vraiment un super anniversaire! Nous allons en parler longtemps.

Dimanche a été un peu moins amusant. C'était le temps de tout ramasser! J'ai aidé mon oncle à charger les ballots de paille. Julie a ramassé les décorations. Théo a aidé maman avec la vaisselle et nous avons mangé des restes pour le dîner.

Virgil nous suivait partout, il adore passer du temps avec

nous. Charlie, notre petite chatte, s'est amusée près d'une heure avec un bout de guirlande de Julie. Elle est vraiment mignonne.

23 Déjà la fin de l'école, hourra ! Qui dit mois de juin dit aussi voyage de fin d'année, mais le voyage ne me plaît pas cette fois... Nous allons faire des manèges.

Tu te rappelles ce qui m'est arrivé dans la tyrolienne ? Avoir un malaise devant mes amis proches, c'est une chose, mais devant toute l'école, c'est autre chose !

24

Comme je l'écrivais hier, je n'avais pas envie de participer au voyage de fin d'année. J'ai décidé d'en parler à Charlie et Julie pour y voir plus clair.

L'une m'a proposé de ne pas faire les manèges qui me faisaient trop peur et l'autre m'a suggéré d'affronter mes peurs. Je ne savais pas quoi faire.

Je me sentais nono d'avoir peur, alors que mes amis avaient du plaisir. Julie et Charlie m'ont répliqué que ce n'était pas une bonne raison et que personne ne me trouvait nono.

Je dois aller me coucher, nous partons tôt demain, mais je t'écrirai à mon retour.

Heureusement, j'ai décidé de participer au voyage quand même et de passer du temps avec mes amis.

Ma mère m'avait recommandé de me respecter et de ne pas me laisser influencer: « Si tu ne veux pas faire une activité, c'est correct. Tu dis non, tout simplement. » C'est ce que j'ai fait et j'ai vraiment eu du plaisir!

26 Mes amis m'ont mis un peu de pression pour que je fasse le bateau pirate avec eux, mais je l'avais déjà fait avec mon père l'an passé et je m'étais juré de ne pas recommencer avant longtemps.

Béatrice et Samuel m'ont taquiné. Tu aurais dû voir la tête de Samuel quand il est sorti du bateau pirate. Il était vert! Quelques secondes de plus et il était malade! Il a décidé de passer le reste de l'après-midi avec moi.

27 Nous avons découvert les jeux d'adresse. Tu sais, les

jeux où il faut bien viser ou avoir un peu de chance pour remporter des prix? Eh bien, j'ai découvert que je suis pas mal bon là-dedans, moi!

J'ai remporté deux toutous. Une licorne que j'ai offerte à Julie — Julie dit toujours que tout est possible! Et un petit chat qui ressemble beaucoup à Charlie. Je l'ai offert à Théo.

Au retour du voyage et pour fêter la fin de l'école, nous avons organisé un feu de camp et mangé des guimauves. Théo et Fabrice nous ont raconté des tonnes de devinettes. En voici quelques-unes:

«Quels sont les animaux les plus intelligents? Le cerf et le veau (cerveau).» Ha! Ha!

«Que prend un éléphant lorsqu'il va au restaurant? De la place!»

«Quel animal est le plus heureux? Le hibou, parce que sa femme est chouette!»

J'ai tellement écrit à propos de mon voyage de fin d'année que ça fait déjà plusieurs jours que l'école est terminée.

Je réalise que j'ai vraiment pris goût à l'écriture.

Ça me fait du bien de prendre un petit moment pour moi et de repenser à ma journée ou à une activité qui m'a marqué. Ça me fait réaliser tout ce que je fais, et la chance que j'ai d'avoir de bons amis, un chien extraordinaire, un petit frère et mes parents.

Hourra, c'est l'été! Je n'en reviens pas, j'ai deux mois pour faire des tonnes de projets avec Théo et mes amis!
J'ai prévu de me baigner, de faire du vélo, de jouer dans les

bois, de faire des feux de camp, de faire du kayak, de pêcher, de faire de la planche à roulettes... Wow! J'ADORE LES VACANCES.

JUILLET

La pêche à la mouche et l'expédition

1 Hey! Je réalise que je ne t'ai pas donné de nouvelles des poissons de Théo depuis longtemps.

Tu te rappelles que les guppys sont très fertiles? Eh bien, les guppys de Théo ont eu beaucoup de bébés, mais ils sont presque tous morts… Eh oui, il a beaucoup pleuré encore une fois!

Après s'être remis de son chagrin, il a fait des recherches et a réalisé qu'il devait isoler les bébés dans une pouponnière.

Une pouponnière à poissons, c'est en quelque sorte un mini-aquarium dans son aquarium. Ça a fonctionné! Les alevins sont très petits et difficiles à attraper, mais une fois dans la pouponnière, ils survivent.

Théo croit que ce sont les mâles qui mangeaient les alevins. Bref, il a maintenant dix guppys dans son aquarium, tout se passe bien et il est pas mal fier de lui!

3 Parlant de poissons, Théo m'a demandé de lui montrer comment pêcher à la mouche. La pêche à la mouche, c'est très différent de la pêche régulière... Ça prend une bonne technique, donc de la pratique et de la patience!

Le plus simple, c'est de s'exercer à lancer sur le gazon. C'est bien parce que ça permet de réviser la lecture de l'heure en même temps. Je t'explique!

4 Pour commencer, il faut placer la canne en avant à 1 h (pense à une horloge avec des aiguilles), puis la propulser

vers l'arrière en tirant un peu sur la soie avec la main gauche sans dépasser 11 h, puis la ramener vers l'avant sans dépasser 3 h.

Tu comprends pourquoi ça fait réviser les heures? Ça semble un peu compliqué comme ça, mais avec de la pratique, ça s'apprend bien! Théo a lancé près d'une demi-heure et a demandé une pause, il ne sentait plus son bras.

J'en ai profité pour apprendre à Théo à faire des mouches. Théo adore

faire des blocs Lego et il est très minutieux. Il aimera assurément ça.

Comme je m'y attendais, Théo m'a posé beaucoup de questions sur le type de nœuds à faire, les poils ou les plumes à choisir.

Comme tu peux lire, il y a beaucoup de choses à prendre en considération pour pêcher à la mouche, mais tu peux aussi te simplifier la vie et acheter tes mouches au magasin.

Demain, nous irons à la rivière avec papa pour pêcher «pour de vrai», comme dit Théo. Ça vexe un peu Théo de pêcher sur le gazon... Il a hâte d'en apprendre plus sur les courants et les endroits idéaux pour pêcher.

Bref, nous aurons tout l'été pour nous amuser à pêcher à la mouche. Je suis trop content d'avoir un partenaire de pêche.

Notre sortie à la rivière n'a pas été aussi facile qu'anticipé*. Théo a commencé par lancer un bout de sa canne dans la rivière.

* Anticiper : Prévoir.

Après qu'il l'a récupéré, son hameçon est resté pris dans un arbre. Papa a dû grimper dedans pour le déprendre.

Ensuite, l'inévitable est arrivé : nous avons perdu plusieurs mouches ! C'est agaçant de perdre ses mouches parce que c'est soit long à fabriquer, soit cher à l'achat !

Malheureusement, notre malchance ne s'est pas arrêtée là !

Théo suppliait papa de le laisser faire un dernier lancer avant de partir. Papa a dit oui. Et c'est avec ce dernier lancer que Théo a eu une grosse prise ! Il m'a

attrapé LE LOBE DE L'OREILLE!
Aïe!

Papa a coupé le fil et nous sommes tous partis en direction de l'hôpital pour faire enlever ma drôle de boucle d'oreille.

Là-bas, le médecin m'a offert de stériliser le trou et de me mettre une vraie boucle d'oreille (je l'ai trouvé très drôle! Ha! Ha!) ou de me faire deux points de suture.

Je suis revenu de l'hôpital avec deux points de suture sur le lobe de l'oreille et plus de peur que de mal. Quand j’y repense, c’était presque drôle!

Ma mère, elle, n’a pas trouvé ça drôle. Elle a dit que Théo aurait pu me crever un œil! Elle a donc instauré une nouvelle règle: nous pouvons continuer à pêcher à la mouche uniquement si nous portons nos lunettes de planche à neige.

Théo et moi n’en croyons pas nos oreilles! Nous allons avoir l’air de deux nonos à pêcher avec nos lunettes de planche à neige en plein été. Rien à faire!

Papa a essayé de faire entendre raison à maman, en lui expliquant qu'il y a moins d'une chance sur mille que ça se produise et que nous allions faire doublement attention désormais.

Maman nous a sorti sa fameuse expression: «C'est non négociable!»

Moi qui pensais apprendre à mon petit frère la patience et la persévérance cet été... C'est partie remise!

Théo et moi avons décidé de changer d'activité, histoire d'avoir du plaisir sans avoir l'air stupides cet été. Nous avons décidé de préparer une expédition en camping!

L'an passé, nous avons participé à un camp d'été. Nous avons donc une bonne idée de ce que ça prend pour passer la nuit en forêt. Nous allons commencer à rassembler le matériel requis et nous discuterons de notre itinéraire demain.

Finalement, nous avons réalisé que nous ne connaissons vraiment rien au camping et que nous n'avons même pas de tente...

Nous avons décidé de reporter les préparatifs afin de prendre le temps de nous renseigner et de lire un peu sur le sujet.

Si ma mémoire est bonne, Béatrice a fait beaucoup de camping lors de son voyage avec ses parents, elle peut peut-être nous aider. Je vais l'appeler demain.

Bon, les histoires de camping de Béatrice ne m'ont pas beaucoup rassuré. Elle m'a raconté avoir couché dans la voiture avec sa mère une nuit où elles entendaient gratter dans les bois. Elles étaient certaines que c'était un ours.

Elles ont donc pris leur courage à deux mains pour courir se réfugier dans la voiture et y terminer la nuit à l'abri.

Son père les a trouvées très drôles le lendemain matin quand elles ont raconté pourquoi elles avaient passé la nuit dans la voiture.

Note nº 1 pour notre expédition:
S'assurer de camper dans un endroit où il n'y a pas d'ours!

L'autre incident de Béatrice est arrivé à la fin du même voyage de camping. Ses parents avaient pris du retard sur leur itinéraire et sont arrivés tard au camping. Après avoir monté la tente, ils ont commencé la préparation du souper. Malheureusement, le couvercle de la sauce à spaghetti était mal fermé et la sauce avait moisi!

Béatrice et sa famille ont donc terminé leurs vacances en mangeant du spaghetti sans sauce à dix heures du soir!

Note nº 2 pour notre expédition: Toujours prévoir un plan B pour la nourriture!

Béatrice m'a aussi raconté de très beaux souvenirs de camping. Elle se rappelle surtout la tranquillité des petits matins brumeux où son papa lui préparait un déjeuner sur le feu de camp.

Elle m'a aussi parlé de belles randonnées dans les bois ou de sorties en canot. Bref, malgré ses deux premières histoires, elle m'a dit qu'elle adore le camping.

Après avoir discuté avec Béatrice, j'ai vraiment envie de préparer notre expédition!

Nous avions pensé faire notre expédition en canot, mais ma mère a dit: «Non! C'est beaucoup trop dangereux d'être seuls sur l'eau!»

Nous avons ensuite proposé une expédition à vélo, mais mon père a dit: «Non! Interdit de s'éloigner de la maison à neuf et dix ans.»

Après discussion, nos parents nous ont permis de faire une «expédition» seuls, mais à condition que nous restions tout près de notre terrain! Théo et moi étions vraiment déçus...

Décidément, notre été ne se passe pas comme nous l'avions prévu. Ça t'arrive, toi, d'avoir l'impression que tu ne peux rien faire seul? C'est vraiment frustrant!

Après quelques heures à bouder (oui, oui, des fois, je boude!), j'ai décidé de voir le bon côté des choses. J'ai proposé à mes parents de camper une première nuit avec Théo dans le boisé à côté de la maison.

De cette façon, je vais leur prouver qu'ils n'ont rien à craindre. Ensuite, nous pourrons leur demander de faire une vraie expédition!

Théo et moi avons choisi l'endroit où nous allons camper: le petit boisé derrière le parcours aventures, à moins d'une minute de la maison!

On aura tout de même l'impression d'être dans les bois et on pourra faire un petit feu de camp pour cuire notre souper et passer une belle soirée. Papa viendra nous voir avant la nuit pour s'assurer que tout va bien.

Yé! C'est le temps de commencer les préparatifs! Zut! Premier problème dans la préparation de notre nuit en forêt: comme nous n'avons jamais fait de camping, nous n'avons pas d'équipement!

J'ai proposé à Théo qu'on se construise une cabane, mais il a fait des recherches sur Internet et a découvert quelque chose de plus simple. Les branches de sapin coupent le froid et font de bonnes paillasses* pour dormir. Bonne idée! Nous allons dormir sur des paillasses, à la belle étoile.

*Paillasse
Synonyme de matelas.

20 Nous voulons aussi être autonomes pour la nourriture. Théo a proposé de pêcher une truite et de la faire cuire pour souper. En accompagnement, nous allons cueillir de la salade et des fèves vertes dans le jardin. Pour l'eau, nous avons prévu de boire l'eau de source du voisin. Il nous reste à trouver de la nourriture pour le déjeuner...

J'ai trouvé! Nous irons à vélo chez Julie prendre quelques œufs dans le poulailler que nous pourrons faire cuire sur le feu. Nous pourrons aussi cueillir des petits fruits dans la prairie.

Nous sommes très bien préparés!

Enfin, le grand jour! Nos paillasses étaient prêtes, nous avons apporté des couvertures et du petit bois pour le feu. Il restait à pêcher notre souper. Il fallait bien que la pêche soit mauvaise, la seule fois de l'été où nous avions vraiment besoin d'attraper un poisson!

Nous avons pris un petit poisson de rien du tout que j'ai malheureusement fait brûler sur le feu. C'était loin de goûter aussi bon que la grosse truite imaginée par Théo! La salade sans vinaigrette, c'est un peu fade aussi.

Heureusement, Théo avait plein de blagues à raconter autour du feu pour nous faire passer une bonne soirée. En voici quelques-unes:

«Que demande un chat dans une pharmacie? Du sirop pour ma toux (matou).» Ha! Ha!

«Un chameau parle à un dromadaire: "Dis donc, je bosse* deux fois plus que toi."»

*Bosser
Synonyme familier de travailler.

« Qu'est-ce qu'un steak qui n'en est pas un ? Une pastèque (pas steak). »

Vers dix heures, papa est venu s'assurer que tout était réglé pour la nuit. Il a éteint le feu et vérifié que nous avions assez de couvertures pour ne pas avoir froid.

Sans feu, c'est vraiment noir dans le bois, mais ça permet de voir les étoiles. Une trouée entre les arbres me permettait de voir la Grande Ourse. Ce sont des étoiles qui forment une grande casserole dans le ciel nocturne*. C'est vraiment beau! Théo a même vu une étoile filante, mais ça ne nous a pas porté chance pour autant! Je t'explique...

*Nocturne
Qui se déroule pendant la nuit.

Théo avait envie de pipi. Je lui ai demandé de faire pipi assez loin du campement parce que je ne voulais pas piler dedans plus tard...

Mais Théo a peur dans le noir, alors il est allé faire pipi juste derrière le campement SUR UNE PETITE BUTTE.

J'ai appris un nouveau mot en racontant l'histoire à mes parents le lendemain matin: ruissellement*! Le pipi de Théo a ruisselé jusqu'à nos paillasses!

*Ruissellement
Synonyme d'écoulement ou de déversement d'un liquide.

25

Comme tu peux t'imaginer, notre expédition se compliquait un peu, maintenant que nos paillasses étaient mouillées de pipi...

Nous avons déplacé nos couvertures un peu plus loin, mais coucher directement sur le sol, ce n'est pas confortable et c'est froid...

Au bout d'une heure, Théo et moi n'arrivions toujours pas à fermer l'œil, mais nous étions tout de même déterminés* à passer la nuit dehors. Si nous rentrions, nos parents ne nous laisseraient jamais faire notre « vraie » expédition.

*Déterminé
Synonyme de décidé, résolu.

Après une autre heure à avoir froid, j'ai dû aller faire pipi à mon tour — plus loin que Théo...

26

À mon retour, Théo m'a dit : « Chut ! Écoute, Ben. J'entends des bruits. »

J'entendais effectivement des bruissements dans les bois. De plus en plus de bruissements... et ils s'approchaient de notre campement.

Théo avait vraiment peur. Moi, j'ai résisté à la peur jusqu'à ce que je voie des petits yeux brillants.

Ah! Théo et moi sommes partis à la course vers la maison.

Papa et maman nous attendaient, patiemment assis sur la galerie. Papa a donné cinq dollars à maman. Elle avait parié que nous ne passerions pas la nuit dehors et elle a gagné. :-(

Comme tu t'en doutes certainement, Théo et moi avons décidé de ne pas faire de « vraie » expédition cet été! Peut-être que papa et maman ont raison après tout et que nous sommes encore trop jeunes, mais je n'ai pas dit mon dernier mot. Ce n'est que partie remise!

Le mois de juillet est presque terminé. Il reste à peine un mois de congé avant la rentrée. Ça passe trop vite, les vacances!

28 Tu vas me trouver bizarre, mais hier, il pleuvait et j'en ai profité pour relire tout ce que j'ai écrit au cours des onze derniers mois. Wow! Il s'en passe des choses dans une année!

Je voulais aussi te dire que je suis fier de moi. Je ne dis pas ça pour me vanter. C'est plus que c'était un gros défi pour moi d'écrire tous les jours et que je suis content d'y être arrivé.

29 Quelque temps après avoir commencé, c'est devenu une habitude, donc de moins en moins difficile. Et après, c'est devenu, je ne sais pas comment dire... essentiel.

Tu sais: comme quelque chose que tu dois vraiment faire, sinon tu te sens bizarre. Un peu comme les parents avec leur café ou se brosser les dents après un repas. Tu comprends?

Bref, mon petit carnet est toujours à côté de mon lit maintenant et il fait partie de mes habitudes. Je pense que je continuerai d'écrire, même une fois mon défi terminé.

Ma relecture m'a aussi fait réaliser que je m'ennuie de mes

amis. C'est vrai, j'ai passé toute l'année scolaire avec eux et puis je ne les ai pratiquement pas revus de l'été. Bon, je ne veux pas trop t'ennuyer avec mes réflexions... Bonne nuit!

Wow! Quelle journée géniale! Hier, au lieu de m'ennuyer, j'ai décidé d'appeler les amis et d'organiser une partie de soccer. Nous avons vraiment eu du plaisir.

Tout le monde a pu venir: Fabrice, Samuel, Célia, Béatrice, Julie, Charlie, Théo et même Virgil qui a joué avec nous!

Ma mère nous avait préparé une super limonade avec de vrais citrons. Heureusement, parce que nous avons beaucoup couru et, avec la chaleur, nous avions vraiment besoin de nous désaltérer*!

*Désaltérer
Synonyme d'apaiser la soif.

Parlant de limonade, j'ai noté la recette de maman pour toi:

2 ½ tasses d'eau très froide
½ tasse de sucre ou, encore mieux, de miel
½ tasse de jus de citron
Beaucoup de glaçons
Si tu aimes le gingembre ou la lime, tu peux en ajouter, ça goûte encore plus frais!

AOÛT

La cabane dans l'arbre et la surprise de Charlie

1

La partie de soccer avec les amis nous a fait beaucoup de bien hier! Je ne sais pas si c'est comme ça pour toi, mais après le sport, j'ai souvent de bonnes idées.

Maman dit que c'est l'hormone du sport qui stimule la créativité et le sentiment de bien-être.

Bref, après la partie, je me sentais créatif et détendu!

Nous avons beaucoup discuté avec mes amis et l'idée de construire ensemble une cabane dans un arbre nous est venue!

Le projet durera tout le mois d'août. Comme ça, nous pourrons nous voir souvent d'ici la rentrée.

Nous avons décidé de nous retrouver après-demain. Les amis reviendront à la maison pour discuter du plan et se partager les matériaux à acheter.

Avant ça, j'ai donné rendez-vous à Julie et à Théo pour discuter de l'endroit où nous allons construire la cabane.

3 Génial! Nous avons trouvé l'endroit idéal pour la cabane. Ça n'a pas été facile par contre.

Au départ, Théo avait proposé un endroit, mais il fallait couper un arbre pour avoir assez d'espace. Julie était furieuse! C'est une amoureuse de la nature, ma cousine. Elle s'est emportée et nous a dit: « Vous n'allez quand même pas couper un arbre pour construire une cabane! Ça prend des années à pousser, un arbre. Je suis certaine que votre terrain est assez grand pour trouver un bon endroit qui ne nécessite pas de couper quoi que ce soit. Cherchons encore!»

Julie avait raison. Nous avons poursuivi nos recherches et avons finalement trouvé un endroit encore mieux. En plus, nous aurons une vue sur le lac à partir de la cabane!

Nous avons décidé de célébrer cette bonne nouvelle avec un après-midi de baignade et de jeux d'eau! Julie est partie chercher son maillot et nous a rapporté une belle surprise:

des sucettes glacées au frappé aux fruits et aux légumes verts!

Voici la recette de ma cousine:

Sucettes glacées au frappé aux fruits et aux légumes verts

- ½ tasse de mangue fraîche ou surgelée
- ¼ tasse de banane
- ¼ tasse d'épinards
- ½ tasse de jus d'ananas ou autre jus de fruits
- ½ tasse d'eau
- Ingrédient secret et facultatif: un paquet de tofu dessert à la noix de coco!

Il suffit de broyer tous les ingrédients dans un mélangeur,

de verser la préparation dans un moule à sucettes, puis de mettre le tout au congélateur pendant six à douze heures. Il ne reste qu'à servir!

Miam! C'était délicieux et énergisant! Tellement énergisant que nous avons décidé d'aller faire une balade à vélo avant de nous baigner.

Virgil nous a accompagnés et notre exercice a été plus long que prévu. Je t'ai déjà écrit que Virgil aime les écureuils... Eh bien, Virgil a croisé un écureuil durant notre sortie à vélo et s'est lancé à sa poursuite!

Cette histoire m'a rappelé une blague de Théo :

« Un écureuil ne respecte pas les limites de vitesse en voiture et se fait intercepter par un policier qui lui dit : "Une amende ?" L'écureuil lui répond : "Je préfère les noisettes !" »

À notre retour, Charlie avait disparu une fois de plus ! Nous l'avons cherchée tout l'après-midi...

Théo commençait vraiment à s'inquiéter quand nous l'avons retrouvée dans le fond du

garde-robe de sa chambre
avec quatre petits chatons!
Ils sont trop
mignons!

Je n'ai
jamais vu mon petit frère
aussi excité et heureux.

Comme prévu, les amis sont venus à la maison ce matin pour qu'on dessine le plan de la cabane et qu'on prépare la liste des matériaux. Interdiction de montrer les chatons par contre. Ils sont encore trop petits.

Zut! Voilà un autre problème: papa a évalué à trois cents

dollars le prix des matériaux requis pour construire la cabane.

Maman a tranché, il n'y aura pas de cabane à trois cents dollars! C'est vraiment plate, des parents, parfois!

Heureusement, Julie a sauvé la situation grâce à son expérience.

Je t'explique. L'an passé, une chose semblable est arrivée à Julie. Elle avait prévu de rénover sa chambre, mais ses parents ne voulaient pas investir beaucoup d'argent dans le projet.

Julie a eu l'idée de rénover avec des matériaux recyclés. C'est ce qu'elle nous a proposé de faire pour la cabane. Nous avons donc révisé la liste et sommes partis à la recherche de matériaux usagés.

Nous avons expliqué la situation aux amis. Tout le monde était d'avis que trois cents dollars, c'est beaucoup d'argent et que Julie avait eu une super idée en proposant de recycler!

Fabrice nous a aussi rappelé que le lendemain, c'était la collecte des objets volumineux. Il y aurait donc plein de trouvailles à faire sur le bord du chemin. Nous nous sommes donné rendez-vous le lendemain pour faire le tour des rues du quartier.

Quand Théo et moi avons expliqué notre idée à ma mère, elle nous a félicités pour notre créativité. Elle ne se réjouissait pas par contre à l'idée de nous voir fouiller dans les rebuts sur le bord du chemin. Qu'est-ce que les gens allaient dire?

Théo lui a répondu du tac au tac*:
«Maman, tu ne peux pas avoir

*Répondre du tac au tac
Répondre rapidement, avec assurance.

le beurre et l'argent du beurre! Papa et toi ne voulez pas investir dans les matériaux pour notre cabane, n'est-ce pas? Eh bien, vous allez devoir accepter qu'on fasse le tour des poubelles!»

Ma mère a trouvé ça très drôle!

Le lendemain, durant notre recherche de matériaux, j'ai réalisé que les gens jettent vraiment beaucoup de choses qui sont encore utilisables! À la fin de la journée, nous avions plus de matériaux qu'il n'en faut pour construire notre cabane. Elle ne sera pas exactement comme nous l'avions dessinée, mais elle ne coûtera rien. ;-)

14

Comme dit Julie, c'est génial de donner une deuxième vie à des matériaux qui se dirigeaient vers le dépotoir!

En plus, nous avons trouvé des articles que nous n'aurions jamais pu nous acheter, comme deux belles chaises en plastique rouge et une glissoire!

Plus que deux semaines pour terminer notre cabane avant la rentrée. Wow, ça va trop vite! J'écrirai plus demain, les amis arrivent. Une grosse journée de construction nous attend!

15

Je suis épuisé! Nous avons travaillé vraiment fort sur notre cabane depuis trois jours. Les travaux avancent bien. Nous avons construit le plancher et commencé les murs. Le père de Julie est venu nous aider pour s'assurer que la base de la cabane était bien solide.

Je prends une pause pour t'écrire parce qu'il pleut. Théo est content, il peut passer plus de temps avec ses chatons. Nous reprendrons les travaux avec le soleil.

16

Encore de la pluie aujourd'hui. Nous

commençons à nous inquiéter un peu. Le temps file et la rentrée approche à grands pas.

Maman a décidé de nous emmener au cinéma pour nous changer les idées. Elle dit qu'elle a eu un deux pour un au cinéma. En plus de lui avoir changé les idées, le film choisi par Théo lui a aussi cassé les oreilles! Ha! Ha! Elle est drôle, ma mère, avec ses sarcasmes!

Julie en a profité pour aller magasiner pour la rentrée avec sa mère. Elle est revenue furieuse et sans nouveaux vêtements.

Elle trouve que les vêtements des boutiques coûtent trop cher et manquent d'originalité. Elle ne comprend pas pourquoi il faut acheter des vêtements neufs.

Je la trouve spéciale, ma cousine, des fois. Maman dit que c'est bien d'avoir des opinions qui diffèrent de celles des autres parfois et que ce sont de belles valeurs que Julie met de l'avant en refusant de trop consommer. Ouain, peut-être…

Quoi? Encore de la pluie? Nous ne pourrons jamais terminer la construction de la cabane avant la rentrée, si la pluie continue.

Zut! J'ai l'impression qu'il y a toujours des embûches qui m'empêchent de terminer mes projets. Ça t'arrive, toi? Je n'ai pas pu pêcher à la mouche comme je voulais, ensuite, notre expédition n'a pas fonctionné, et, maintenant, c'est la pluie qui nous empêche de continuer.

Papa dit souvent que la nuit porte conseil et c'est vrai! Après une bonne nuit de sommeil, j'ai décidé que nous avions assez perdu de temps à cause de la pluie!

J'ai rappelé les amis et décidé que nous allions terminer la construction de la cabane malgré le mauvais temps. Après tout, nous pouvons faire les travaux en bottes et en imperméable.

Tous les amis sont venus ce matin, malgré la pluie.
Les travaux avancent moins vite que nous le pensions, cependant. C'est glissant et nous échappons des trucs, mais on progresse tout de même.
Maman nous a fait entrer pour le dîner, histoire de nous réchauffer un peu et de faire sécher nos habits avant de nous y remettre.

Aujourd'hui, le soleil était au rendez-vous! Je ne sais pas si c'était pour nous récompenser de nos efforts de la veille ou simplement parce que c'était samedi, mais nos parents sont venus nous aider!

Hourra! Nous avons terminé la cabane et elle est vraiment belle! Julie dit qu'on la trouve aussi belle parce que nous l'avons fait de nos propres mains et que nous avons donné une deuxième vie à plein de matériaux.

22 Une fois la construction terminée, j'ai ressenti un grand bonheur à regarder mes amis et notre cabane.

Le même sentiment m'avait envahi après ma fête d'amis en juin. J'en ai discuté avec mes amis et j'ai réalisé que nous ressentions tous clairement les mêmes émotions.

23 Charlie nous a expliqué ce qui se produisait, selon elle. Elle venait de lire un article qui traitait de règles pour s'épanouir.

Selon Charlie, notre projet regroupait plusieurs de ces

éléments et c'est pour cette raison que nous nous sentions si heureux.

Comme tu me lis depuis près d'un an maintenant, je te considère comme mon ami... Et des amis heureux, c'est important! Alors voici les quatre règles.

N° 1 Le bonheur résulte d'une vie bien organisée! Soyez énergique, motivé et occupez-vous pour vous sentir bien.

N° 2 Rappelez-vous que vos proches ont des opinions différentes des vôtres, et que c'est bien ainsi! Apprenez à écouter les autres pour bien vous comprendre.

Nº 3 Réussissez!

Le sentiment d'échec génère souvent de l'insatisfaction. Apprenez à pardonner et à lâcher prise pour réussir.

Nº 4 Apprenez à vivre pour vous et non pas pour les autres. Apprenez à rester seul lorsqu'il le faut*.

*D'après les réflexions de Mikhaïl Litvak, psychiatre russe, auteur de près de trente livres sur le développement personnel.

L'article de Charlie m'a fait réaliser à quel point mon défi d'écriture m'a permis d'intérioriser ces grandes règles sans le savoir... Et je pense que cela explique pourquoi je me sens si bien et prêt à commencer une nouvelle année scolaire!

C'est vrai, j'ai l'impression d'avoir mené plein de projets cet été.

Je comprends aussi mieux ce que mes parents m'expliquaient cet été quand ils disaient qu'on apprécie mieux les moments de détente après avoir travaillé fort. Alors pour apprécier l'été prochain, c'est le temps de retourner à l'école! Les premiers jours en classe seront assurément difficiles, mais je suis prêt à faire les efforts nécessaires!

27 J'espère que tu as aimé me lire autant que j'ai aimé t'écrire. Ça n'a pas été facile tous les jours. J'ai dû persévérer et repousser souvent la paresse pour ne pas échouer, mais j'ai réussi et ça me rend vraiment fier et heureux!

28 Oh! J'oubliais presque... J'ai décidé de poursuivre mon projet d'écriture. Si tu as aimé me lire, parles-en à tes amis, clique j'aime sur ma page

Facebook et demande à mon éditeur de publier la suite. ;-)

À bientôt, j'espère!

Ben

Épilogue

29 Je ne sais pas si tu te rappelles, mais je t'avais écrit que ma cousine, Julie, avait aussi commencé à écrire. Je lui ai fait part de mes états d'âme, maintenant que je suis à la fin de mon défi, et elle m'a dit qu'elle ressentait la même sensation de bien-être que moi. Qui sait ? Peut-être que ça te ferait du bien à toi aussi d'écrire dans un cahier tous les jours ?

30 Elle m'a fait une autre confidence. Tu te souviens de la colère de Julie après son expérience de magasinage avec sa mère ?

Eh bien, elle a décidé de voir dans cette situation une occasion de mener un beau projet! Elle m'a annoncé hier qu'elle avait décidé de créer de nouveaux vêtements à partir de vêtements recyclés pour ensuite les vendre à ses copines.

L'idée lui est venue la semaine passée lorsqu'elle a coupé une robe pour en faire une jupe et qu'elle a reçu une avalanche de compliments de ses amies. Julie nous a demandé, à Théo et à moi, si nous aimerions faire partie de son projet. Nous y réfléchissons, mais c'est très intéressant, comme offre. À suivre!

Table des matières

Tu as aimé cette histoire ?

Écris-nous pour nous faire part de tes suggestions et commentaires !

info@defideben.com

www.defideben.com

Suivez-nous :

GARANT DES FORÊTS INTACTES

Achevé d'imprimer en septembre deux mille dix-huit
sur les presses de Marquis-Gagné,
Louiseville, Québec